Tilou
le petit globe-trotter

road-book

© Editions Tilou France SAS 2004
Dépôt légal : Juillet 2005
N° d'éditeur : 2-35140
ISBN : 2-35140-017-8
Conforme à la loi n° 49.956 du 16 juillet 1949 sur les publications destinées à la jeunesse

Imprimé en France par OTT Imprimeur

Tilou
en Haute-Loire

Textes de Christine Theillier - Illustrations de Red One

road-book

En ce mois de juin, Tilou, accompagné de ses parents et de son ami Bilou, part à la découverte de la Haute-Loire.
- Tu vas voir Bilou, je suis déjà venu en Auvergne, c'est super génial. Il y a des volcans, des fromages et puis nous allons…
- Oh là, tout doux Tilou, coupe Papa. Vous allez surtout découvrir de nouveaux endroits merveilleux que tu ne connais pas encore. Parce qu'ici, nous sommes dans "le midi de l'Auvergne", comme disent les habitants. Avec Maman, nous vous avons préparé un voyage que vous n'êtes pas prêts d'oublier !
- D'ailleurs, poursuit Maman, nous voici arrivés à Brioude. Tilou, tu vas pouvoir expliquer l'art roman à Bilou en visitant la Basilique Saint-Julien, d'accord ?
- Oh oui Maman ! Tu vas voir Bilou, je suis incollable !
- Ce ne sera pas difficile, dit Bilou… D'ailleurs, chez moi, le basilic, c'est une plante que Maman met avec les pâtes !

- Je vais vous raconter l'histoire de la basilique, chuchote Maman. Julien était un soldat romain converti à la foi chrétienne. Chassé, il se réfugia à Brioude mais, en l'an 304, il fut tué.
- Oh là là, quelle histoire ! dit Bilou horrifié.
- Alors, poursuit Maman, Brioude est devenu un lieu de pèlerinage. Beaucoup plus tard, en 1060, la construction de l'église a commencé et il a fallu attendre 1180 pour la terminer !
- Oh là là, quelle histoire ! Elle a presque 1000 ans cette église !
- Chut, écoute, se contente de répondre Tilou.
- Bien sûr, elle a été retravaillée plusieurs fois au fil des siècles, poursuit Papa. Mais sa taille, 74 mètres de long sur 20 de large, fait de cette basilique la plus grande église romane d'Auvergne, après la cathédrale du Puy-en-Velay.
- Oh là là, quelle histoire, dit Bilou penseur, la plus grande ...
- Tu as l'air d'aimer les histoires, Bilou, dit Papa. Alors, allons découvrir le Mystère de la Bête…

- RRRhhh… Au loup, au loup ! s'élève une voix venant de nulle part.
- Ahhh… Au secours ! J'ai peur ! disent les enfants en chœur. C'est le monstre !
- Doucement, dit gentiment Maman. Nous allons découvrir dans le musée de Saugues, en Margeride, le plus grand mystère du XVIIIème siècle dans la région.
- Imaginez, reprend Papa, une bête ressemblant à un loup énorme qui a attaqué près de cent personnes dans les environs entre 1765 et 1767… On l'appelait "La Bête du Gévaudan".
- C'est affreux, dit Bilou. Elle est morte maintenant ?
- Mais oui, dit Papa rassurant. C'est Jean Chastel, envoyé par le Roi Louis XV, qui l'a tuée le 19 juin 1767. Vous verrez, dans le musée, comment vivaient les gens à cette époque, de la cour du Roi aux paysans de la région.
- Mais cette histoire reste un grand mystère, conclut Maman. Et après, les enfants, en route pour l'Allier et les saumons !

- Ahhh, c'est froid ! hurle Bilou en courant vers le bord de l'eau.
- Mais c'est normal, coquin, rigole Papa. Tu es dans une rivière ! Nous sommes dans les gorges de l'Allier et l'eau vient des montagnes !
- Oh, regarde là-bas Maman ! Les gros poissons qui essaient de sauter ! s'écrie Tilou.
- Tu as raison, Tilou. C'est formidable ! Ce sont des saumons. Ce sont des poissons migrateurs.
- Comme les oiseaux ? s'exclame Tilou, étonné.
- Exactement mon chéri. Ils viennent de l'Atlantique jusqu'ici pour faire leurs petits. Et tu as la chance de voir ce spectacle de la nature, très rare en France.
- C'est aussi grâce à l'élevage qui a recommencé, poursuit Papa. Ça s'appelle la salmoniculture. Un grand mot, n'est-ce pas Bilou ?
- Oh oui, trop grand pour moi, répond Bilou. Et le saumon, moi, j'en mets dans mes pâtes !
- Quel gourmand ce Bilou ! s'amuse Maman.

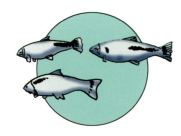

- Tu te rends compte Tilou, dit Maman, c'est ici, dans le château de Chavaniac Lafayette, qu'est né le Général Lafayette le 6 septembre 1757 !
- C'est qui, Lafayette ? demande Bilou en terminant une énorme barbe à papa.
- C'est un des plus grands hommes de France, répond Papa. À vingt ans, il est parti aider les Américains à se battre contre les Anglais. Puis, en 1788, il a lutté pour abolir l'esclavage.
- Ah oui, ça c'est bien, dit Tilou.
- Et ce n'est pas tout. En 1789, c'est lui qui créé la cocarde tricolore et c'est encore grâce à lui que la déclaration des Droits de l'Homme et du Citoyen existe. Tu te souviens "Les hommes naissent libres et …"
- …"égaux en droit…" C'était un génie, s'extasie Tilou, rêveur.
- Et regardez dans le jardin, poursuit Maman. Vous voyez cet arbre ? C'est un sycomore. Avant d'être plantée, la graine est allée en fusée sur la Lune et a été rapportée par les astronautes américains.

- 132, 133, 134 marches ! Ouf, j'y suis arrivé. Je m'attendais à voir un puits moi, dit Bilou.
- Non, répond Maman, nous sommes à la Cathédrale du Puy-en-Velay. C'est l'une des plus belles du monde. Elle est classée au "Patrimoine Mondial de l'Humanité" par l'Unesco !
- Elle a été construite au XIème siècle. Des chrétiens viennent du monde entier pour voir la Vierge Noire qui est à l'intérieur. Ensuite, certains pèlerins poursuivent leur chemin par la "via Podiensis" jusqu'à Saint-Jacques-de-Compostelle, en Espagne !
- À pied ? Mais ils sont fous, s'étrangle Bilou.
- Pas du tout, mon Bilou. Mais allons voir le cloître, puis nous visiterons la salle du trésor.
- Un trésor ? dit Bilou les yeux brillants. Allons d'abord le chercher, nous irons au cloître après !
- Et bien d'accord, allons-y, dit Papa. Ensuite, je vous fais visiter l'Hôtel du Département qui est juste à côté de la Cathédrale.

- C'est un hôtel pour dormir ? interroge Bilou.
- Non Bilou, répond Papa. Mais tu as raison. On appelle Hôtel du Département l'endroit où les responsables de l'Etat, ou le Roi, s'arrêtaient pour dormir quand ils voyageaient.
- Et ici ?
- Non, mon Bilou. En 1677, le Roi a décidé de construire un hôpital général pour recueillir les gens les plus pauvres. Puis des ateliers pour travailler ont été construits.
- Ensuite, poursuit Maman, l'administration du département, que l'on appelle Conseil Général, est venue s'installer et a tout refait en l'an 2000.
- Dis donc, on croirait que c'est tout neuf ! s'émerveille Tilou.
- Et oui Tilou, en plus tous les bâtiments ont été gardés. Comme cela, la ville conserve la mémoire du passé et peut-être même que cet endroit existera encore dans mille ans !
- Et bien moi, je n'attends pas mille ans pour savoir ! Dis Maman, on va voir la statue là-haut ?

- Je n'en peux plus ! On n'arrête pas de monter et de descendre dans ce pays ! dit Bilou.
- N'empêche que la vue était magnifique sur le rocher, dit Tilou
- C'est le rocher Corneille dit Papa. Il culmine à 130 mètres.
- Et la statue ! reprend Bilou. Je n'ai pas osé m'appuyer dessus, j'avais peur de la faire tomber !
- Aucune chance, se moque Papa. Construite entre 1856 et 1860, Notre Dame de France pèse 110 tonnes !
- Sans oublier, ajoute Maman, son piédestal de 45 tonnes. Il a été construit avec 213 canons que les Français ont pris aux ennemis pendant une bataille à Sébastopol.
- Oh, regardez cette église ! dit Tilou.
- C'est la Chapelle Saint-Michel, construite au Xème siècle sur le rocher d'Aiguilhe, une ancienne cheminée de volcan, répond Maman. Mais trêve de discussion, les enfants. Je veux offrir de la verveine du Velay, des lentilles et un joli napperon en dentelle à Malou. Ensuite, en route pour le Mezenc !

- Vous avez vu la petite rivière tout à l'heure ? Et bien, c'est le début d'un fleuve : la Loire.
- Mais oui, je connais ! dit Tilou très fier. Elle prend sa source au Mont Gerbier de Jonc, en Ardèche.
- Et moi, je suis sûr que l'eau y est froide, comme pour l'Allier, affirme Bilou.
- C'est normal Bilou, répond Maman. Nous sommes sur le massif du Mézenc à plus de 1700 mètres d'altitude. C'est "le toit" de la Haute-Loire. L'hiver, nous pouvons même y faire du ski !
- Du ski ? C'est super ! Alors moi, je ne bouge plus d'ici et j'attends qu'il neige, d'accord ?
- Non, mon coquin, pas d'accord. J'ai préparé un bon pique-nique et je te propose d'aller le déguster sur un suc. On y va ?
- Oh oui, viens vite Tilou, on va manger sur un énorme sucre !
- Bilou, un SUC… c'est un ancien volcan ! corrige Papa, amusé. Mais pressons-nous, sinon nous aller rater le train !

Tchou Tchou : Attention au départ… Et aux escarbilles ! Bon voyage à tous les passagers.

- Maman, c'est quoi une … heu … escar…truc ? demande Tilou en criant.
- Et bien, ce sont de tout petits morceaux de charbon qui partent par la cheminée avec la fumée. Et comme tu es juste derrière …
- Bing, Aïe… Ça y est, j'ai compris Maman, dit Tilou en riant, le visage déjà tout noir.
- Regardez plutôt ces merveilleux paysages les enfants, propose Papa. Vous voyez le village, tout là-haut ? C'est Montfaucon. Et le ruisseau, en bas ? C'est le ruisseau des Brossettes. Enfin, nous arriverons à Dunières, notre terminus.
- Il va tout doucement ce train, dit Bilou. C'est drôlement mieux. On est dehors et on a bien le temps de tout voir !
- Sauf le bout de ton nez Bilou, dit Maman en riant. Tu es tout noir toi aussi ! Il faudra penser à bien nettoyer ton visage avant de partir pour la Chaise-Dieu.

- Et voici la Chaise-Dieu, la dernière étape de notre voyage, tout au nord du département.
- En voilà un drôle de nom ! C'est ici que Dieu vient s'asseoir quand il est fatigué ? demande Bilou, étonné.
- Non bien sûr. Ce nom est très ancien, répond Papa. Un jour, un monsieur, Robert de Turlande, a fondé ici, en 1043, un ermitage du nom de Casa Dei, ce qui veut dire Maison de Dieu. Petit à petit, le nom s'est transformé en Chaise Dieu. En 1050, ce petit ermitage est devenu une abbaye.
- Puis, continue Maman, au XIVème siècle, un Pape, Clément VI, a fait construire cette grande église que nous voyons. Et il s'est même fait enterrer dedans !
- On peut le voir ? demande Tilou
- Bien sûr. Allons voir son tombeau. Tu vas voir aussi des grandes orgues et encore bien d'autres choses mystérieuses.
- Waou, encore des mystères ! dit Bilou, toujours prêt à jouer les détectives.

- Il y a beaucoup de monde ici, et les gens parlent toutes les langues, dit Tilou, je ne comprends rien.
- En ce moment, explique Papa, c'est le Festival de Musique Classique et Sacrée, qui a été créé ici en 1966. On vient du monde entier pour y participer. D'ailleurs, si Maman est d'accord, ce soir je vous invite au concert.
- Chouette ! On peut, dis, Maman ? demande Tilou en lui faisant un bisou.
- Avec plaisir mon Tilou. Ce sera notre dernière soirée parce que demain, nous devons rentrer.
- Déjà ? gémit Bilou. J'ai encore envie de rester, pour faire du ski et retourner voir les saumons et encore apprendre à faire de la dentelle. Et puis maintenant, je n'ai plus peur du loup.
- Je te comprends, mon Bilou. Mais nous reviendrons une autre fois dans cette belle région poursuivre notre voyage, d'accord ?
- Oh oui d'accord. Avec mes parents ?
- Bien sûr mon Bilou, c'est promis.

Cet album a été réalisé en collaboration avec le Conseil Général de la Haute-Loire
www.cg43.fr